Mémoires d'une sale gosse

Cédric Érard

Mémoires d'une sale gosse

Médium
l'école des loisirs
11, rue de Sèvres, Paris 6e

Du même auteur à *l'école des loisirs*

Collection MÉDIUM

J'ai pas sommeil

Collection MOUCHE

Les idées noires de Balthazar

© 2004, *l'école des loisirs, Paris*
Loi n° 49.956 du 16 juillet 1949 sur les publications
destinées à la jeunesse : septembre 2004
Dépôt légal : mai 2005
Imprimé en France par la Société Nouvelle Firmin-Didot
au Mesnil-sur-l'Estrée (73526)

L'auteur tient à remercier le CNL pour la bourse qui lui a été attribuée pour l'écriture de ce livre.

Pour Garance.

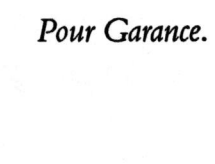

Les jours d'avant

Je m'appelle Jeanne, j'ai quatorze ans et je suis une sale gosse.

Une peste, une petite insolente, une chieuse, une tête à claques, un véritable cauchemar pour parents, une catastrophe ambulante, un fléau social et national, bref, une emmerdeuse de premier choix.

Déjà, on adore me traiter de petite conne. Avec l'âge viendra connasse et, puisque je suis jolie, j'aurai sans nul doute très vite le privilège de la pétasse. Pour couronner le tout je suis vulgaire et je jure comme une poissarde, alors que c'est tellement laid dans la bouche d'une grande fille comme ça, si mignonne et si bien élevée, et qui travaille si bien à l'école en plus, elle devrait montrer l'exemple.

Étant donné l'immaturité affective de mes parents, je me trouve pourtant d'une patience d'ange. Doublée d'une grande élégance et d'un grand tact.

Ma mère, par exemple, est tout le temps en train de se plaindre et elle a l'air au bord de l'anéantissement un jour sur deux. Régulièrement, elle me soumet à la tyrannie de son insoutenable lyrisme.

Parfois, elle semble mue par un irrépressible besoin de hurler, de préférence lorsque je fais justement des efforts démesurés pour échapper à la folie, après une journée entière passée à affronter un monde qui me semble parfaitement angoissant.

En général, je m'y prends avec méthode, et l'un de mes exercices préférés est de déchirer un livre page à page, consciencieusement et froidement, avec mon petit réglet en fer – celui qu'on prenait pour taper sur les doigts, me dit toujours mémé –, et de résister de toutes mes forces à l'envie de le déchiqueter d'un seul coup comme une sauvage, en prenant les pages à pleines mains. Ainsi, je peux tenir à peu près un mois avec un seul livre, alors que, si je me laissais aller, il m'en faudrait bien un par jour.

Pourtant, «tu es complètement hystérique, ma chérie!» est en ce genre de circonstance pour ma mère une phrase aux sonorités magiques et libératoires. En général, elle saisit cet instant pour avoir les larmes au bord des yeux. Devant le pathétique éprouvant de la situation, je ne dis rien cependant, j'ai la délicatesse de cacher mon exaspération et mon désespoir derrière un air chouineur de petite fille désolée d'avoir fait de la peine à sa maman et je vais pleurer si maman pleure aussi.

Le plus souvent, ça a le mérite de la calmer immédiatement.

J'ai la chance d'avoir des parents qui s'entendent à merveille. Mon père est donc, lui aussi, un grand adepte du hurlement stérile. Tout particulièrement en ces moments où j'essaye désespérément d'échapper à la cacophonie du monde moderne en ayant une attitude à peu près responsable. Par exemple, en faisant du vaudou avec mon baigneur, alors que je pourrais juste me contenter de devenir complètement introvertie, soumise et névrosée.

Bien sûr, tout comme chez ma mère, le hurlement est, chez mon père, un acte quasi rituel: il commence par balancer son journal de façon désabusée et colérique, ensuite viennent les braillements, tout en puissance mâle: «Jeanne, tu es agressive et désagréable, on peut dire que tu aimes emmerder le monde!» Malgré sa voix de Néandertalien – parfaitement risible – et son air de général en retraite – tout à fait grotesque –, je m'arme de patience et je ménage son orgueil de chef de famille en manque d'ordre en prenant un air craintif.

Pour me supporter, mes parents sont donc des gens adorables et patients, ils m'aiment et ils prennent soin de moi – quoique parfois trop, à mon goût. Ils sont pétris de bonne volonté et de bonnes intentions, mais ils sont passablement peureux, prétentieux et ennuyeux.

Ils dépensent une énergie démesurée pour bien faire et pour me donner la chance de grandir dans un cadre familial équilibré ; alors, on a une vie normale, censée faire de moi une enfant normale – et équilibrée. Nous avons donc un comportement normal et un appartement normal, chacun sa chambre moquette 100 % laine et meubles Ikea en Formica imitation pin clair. On ne crie pas, on ne bouge pas trop dans la foule, s'il vous plaît, on ne dépasse pas trop la tête et on marche en rang, mais pas trop droit non plus, «va pas nous faire passer pour des tortionnaires!», on est des gens tolérants, quand même, nous. On protège la Nature et on va voir l'Art dans les musées.

J'oubliais : quand je m'y mets, je suis un véritable moulin à paroles, une épouvantable pipelette, une infatigable bavarde, comme seule une fille peut l'être, et encore, chez moi ça dépasse l'entendement, je dois être un mutant, c'est simple, parfois on aurait envie de me claquer ou de m'éteindre comme une télé, mais on ne peut plus m'arrêter, à ce stade, c'est une véritable maladie.

Consciente du fort handicap social et intellectuel que pouvait produire un tel environnement parental, j'ai décidé de me tourner vers des autorités de substitution, et je me suis donc dit que l'École de la République était sans doute ce qu'il y avait de plus adapté à mon cas, qui, somme toute, n'avait rien non plus de désespéré, mais méritait juste que je m'en préoccupe.

C'est comme ça que j'ai découvert que mes parents souffraient de névroses très majoritaires.

Ainsi, Mme Paulain a, elle aussi, régulièrement ce genre d'accès colériques parfaitement régressifs. Elle devient alors d'une laideur insoutenable et elle se met à hurler, «excédée» par mon «attitude». Au pire, je venais de lui conseiller gentiment de ne pas s'énerver comme ça, juste parce que je venais de faire une rosace plutôt que de calculer la hauteur du triangle. De temps en temps, elle se fend même d'un «petite insolente» offusqué, elle dont chaque tenue est une insulte flagrante à l'encontre des lois les plus élémentaires du bon goût et de la mathématique – qu'elle est justement censée enseigner. Là encore, j'ai toujours développé des trésors de calme, je n'ai jamais cédé à aucun fou rire, non, j'ai toujours baissé les yeux et j'ai toujours eu l'hypocrite politesse qu'elle me réclamait pour se calmer de murmurer: «Désolée, madame », en prenant une petite voix et en la faisant trembler.

Je suis donc passablement ingrate, je dois l'avouer : j'ai la chance d'aller à l'école et je n'arrête pas de me plaindre, alors qu'il faudrait surtout songer à me calmer, être plus sérieuse et moins chahuteuse, les bonnes notes, ça ne suffit pas, l'attitude, c'est important aussi, mais je suis juste un peu lasse d'être le veau numéro 22 du troupeau 4B, deuxième rangée, septième case sur le bitume, en partant des toilettes du fond de la cour en face de la deuxième poubelle, suivre le marquage au sol à la peinture blanche, qu'est-ce que c'est que ce bordel! Derrière la ligne, on a dit!

Au milieu de tout ça, je cherche la douceur.

(Dans les pages de ce cahier, où je vais tenter de remonter aux origines de ma colère, pour ne pas les oublier, pour me souvenir de leur exigence primitive.)

I

J'avais six ans quand mon petit frère Tristan est né

> *Il est né le divin enfant,*
> *Sonnez hautbois !*
> *Résonnez musettes !*

et mes parents ont absolument tenu à ce que je fasse une crise de jalousie.

J'imagine que, dans leur esprit tordu, ça devait faire partie des étapes essentielles du développement comportemental d'une enfant de six ans. Ils en ont donc fait tout un foin, pour rien. Pendant deux mois, ç'a été la grande affaire. Ils ne parlaient plus que de ça.

— Je te dis qu'elle le rejette, regarde, c'est évident, murmurait maman pour me tenir à l'écart de la question, qui semblait pourtant me concerner au premier chef.

— Mais non, ne t'inquiète pas, elle va faire ça un moment, puis ça ira mieux, répondait papa, apparemment très bien renseigné sur ce qui se passait dans ma tête.

Mieux que moi, en tout cas, vu que j'avais parfois du mal à croire que c'était bien de moi qu'ils parlaient et non pas de quelque enfant secret dont ils m'auraient dissimulé l'existence, comme de nombreuses autres choses, vraisemblablement, je m'en rendais compte à présent.

Mes parents me trompaient donc de façon manifeste. Ils me cachaient des choses, j'en avais la preuve. Ils mentaient de façon éhontée, alors que je leur avais toujours accordé ma confiance aveugle et pure.

Il est vrai que, les deux premiers mois, je me suis fort peu intéressée à ce petit steak haché qui se contentait de bouffer, de brailler, de roupiller et de puer.

Le plus difficile à supporter, ce fut de réaliser que, à moi aussi finalement, on avait dû parler comme à une demeurée.

Au mépris flagrant de ma dignité, on avait dû attendre, le regard fébrile et hébété, que je fasse mon petit renvoi, on avait dû me dire «bravo!» avec un sourire béat devant une couche nauséabonde, pleine de mon céleste caca. J'avais six ans, un âge encore tendre, et je découvrais brutalement que tout un pan humiliant de ma vie avait échappé à ma mémoire; je venais de comprendre que mon cerveau, sans que mes parents aient jamais eu l'air de s'en inquiéter, était une véritable passoire à nouilles.

J'ai donc commencé par détester Tristan, ou plutôt par détester les tristes moments de mon existence qu'il ravivait par sa seule présence, laquelle, au demeurant, ne me dérangeait pas vraiment. J'ai songé à tous les traumatismes que cela avait dû engendrer en moi ; je fis deux ou trois cauchemars sombres et inquiétants et je compris que les emmerdes ne faisaient peut-être que commencer, vu que le bon sens n'avait pas l'air de gouverner le monde.

Ensuite, tout s'est arrangé, ou presque : Tristan est devenu amusant. Il écoutait les histoires que je lui racontais, il me donnait du courage quand j'étais triste, et il restait à côté de moi quand je faisais mes devoirs, n'hésitant pas à baver de temps en temps sur mes cahiers et m'offrant un alibi inattaquable en l'innocence de son jeune âge.

Du coup, mes parents étaient ravis :
— Tu vois, je te l'avais dit, disait papa à maman, tout sourire devant la perspicacité

hors norme de son époux, qu'elle avait décidément bien choisi.

– Bileuse, va! poursuivait-il, tout fier de lui, petit bisou minable sur la bouche et tape sur les fesses.

Ce qui me révolta le plus, au fond, devant leur air satisfait, c'était à quel point ils m'avaient prise pour une sale petite bécasse.

Un soir, c'est parti tout seul, à table, en mangeant ma soupe au vermicelle : je me suis mise à piailler. Maman m'a posé une question épuisante qui allait lui permettre de prouver, quelle que fût ma réponse, mon absolue ingratitude à leur égard. Tout ça, c'est pour ton bien, ma chérie, tu ne te rends pas compte de la chance que tu as.

Vous non plus, il me semble. Mais, dans ces moments-là, aucune raison de lutter ni d'argumenter. Alors je lui ai répondu en piaillant, comme une bécasse. Avec des yeux de bécasse. Ronds et inexpressifs (j'avais vérifié dans mon encyclopédie sur les animaux et j'avais pu constater qu'en effet ça a l'air con, une bécasse). Papa l'a regardée :

— Ne t'inquiète pas, elle veut juste qu'on la remarque, c'est normal, elle a besoin qu'on la regarde, ça doit lui manquer, tout notre amour pour elle toute seule.

J'ai senti la soupe brûlante qui me glissait dans la gorge et descendait droit dans mon ventre, je me suis étranglée, j'ai hoqueté, et j'ai fini de ruiner mon plan par une stupéfiante giclée de vermicelle qui m'est sortie par les narines. J'ai pris une éponge, j'ai tout essuyé et j'ai fait comme si de rien n'était. Sauf que j'étais rouge écarlate, et que j'étais prise de petits spasmes qui transformaient mes poumons en barbecue. Papa et maman m'ont regardée en ricanant, ils n'ont même pas crié, tellement ils avaient l'air de trouver que ça m'apprendrait bien, à faire l'andouille, et puis va surtout pas te plaindre, tu l'as bien cherché.

Du coup, j'ai décidé de ne plus jamais leur adresser la parole jusqu'à la fin de ma vie.

Au bout de trois jours, maman a commencé à s'inquiéter, elle disait :

— François, on devrait lui parler, tu ne crois pas ?

Mais papa insistait :

— Je te dis, ma chérie, elle nous boude pour nous faire comprendre son manque d'amour. Ne t'inquiète pas : bavarde comme elle est, elle ne va pas tarder à reprendre le moulin à paroles.

À force de l'entendre marteler ça, avec son petit air d'en savoir plus que tout le monde, c'est à nouveau sorti tout seul, sauf que, là, je me suis mise à aboyer comme un chien, un chien agaçant, genre teckel, avec ma petite voix stridente, en montrant les dents et en le fixant avec un regard plein de toute sa violence et de sa brutalité.

Au début, ça l'a fait rire. Il est parti en sifflotant, et en disant : «Allez, Médor, couché!»

À table, j'ai continué à aboyer, chaque fois qu'ils m'adressaient la parole, ou quand ils me regardaient comme une étrange bête de foire, étudiant mon cas en parents brevetés conformes, comme ils le font toujours. Comme si je n'étais pas là, et comme si je ne pouvais rien entendre à leurs grands épanchements d'inquiétude concernant mon incapacité à faire comme tout le monde.

Pourtant, elle travaille bien à l'école, elle a des copines, la maîtresse dit même qu'elle est très sage et Jeanne a l'air de beaucoup l'aimer, Tristan, mon chéri, arrête de baver, tiens ta cuillère droite, pas comme ci, mais comme ça, Jeanne, tais-toi, on t'a rien demandé, tu peux nous laisser parler tranquillement, il faudrait qu'on aille la revoir, la maîtresse, tu ne crois pas, parce que là je sais plus quoi faire, elle ne veut jamais rien faire comme il faut.

Au bout d'un moment, j'avais tellement aboyé que j'en avais presque mal à la gorge. Papa a explosé :

- Non, mais elle sait plus quoi inventer, ta fille, parfois, franchement.

Maman n'a pas hésité à rendre la situation encore plus ridicule :

– Ma fille, ma fille, mais c'est aussi la tienne, je te rappelle.

À partir de là, ça a dégénéré et j'ai commencé à m'amuser vraiment : les parents ont entamé une scène de ménage historique, grandiose et pathétique, Tristan s'est mis à balancer sa purée de carottes, ça faisait comme des soucoupes volantes orange dans le ciel de la cuisine, et moi, au milieu de tout ça, j'ai commencé à grogner en secouant les épaules, puis de plus en plus fort, je hurlais comme une petite guenon, en me grattant sous les bras et en faisant des grimaces. Je suis montée sur ma chaise, à quatre pattes, en sautant sur place, et en secouant la tête.

Papa s'est levé, et il a braillé :

– Bon, Jeanne, maintenant tu arrêtes ton cirque et tu la fermes, on travaille toute la journée, nous, et on en a marre de tes conneries !

Je me suis mise à hurler de plus belle et je me suis enfuie dans la salle à manger, penchée en avant, les bras ballants, comme une petite guenon trop contente d'avoir lancé un fruit pourri à la tête du chef de la tribu. Il a failli éclater de rire, et il n'a plus rien dit. Vexé. Son orgueil mâle en berne, mis à mal, anéanti par une sale petite merdeuse de sept ans trois quarts, c'était trop. Il fallait donc s'attendre au pire.

Je suis allée dans ma chambre et j'ai fait le point.

Les jours suivants, je n'ai plus réussi à m'arrêter, ils me rendaient dingue, avec leur air d'être tellement certains d'incarner l'avenir de l'humanité et le parangon de l'espèce.

Pendant trois semaines, j'ai donc, selon mes humeurs, fait la bécasse affolée, le teckel complexé, la guenon hystérique, mais aussi l'oie, l'hippopotame, la dinde, le scarabée, le cloporte, le ver de terre, le kangourou, la morue, le yéti, la hyène, le vautour, King-Kong, et même Tarzan quand il pousse son cri pour appeler tous les animaux de la jungle. Celui-là, je m'en servais exclusivement pour dire bonjour, le matin, en descendant prendre le petit déjeuner. Deux fois, papa en a renversé son café sur sa cravate toute propre. Il était en colère, et, pour le coup, j'ai trouvé qu'il avait plutôt de quoi.

Étant donné son incapacité à s'adapter et à comprendre ce qui ne lui ressemble pas, je crois que j'avais dû réussir à devenir aussi oppressante et dictatoriale que lui, il n'avait même plus la force de hurler, il avait la voix fatiguée et un air crispé que je ne lui connaissais pas.

J'ai donc décidé de reprendre mon improbable apparence de petite fille sage et docile qui fait comme on lui dit. Normale et disciplinée.

C'est à cette période, histoire de fuir l'isolement, que j'ai commencé à écrire à Marie-Moulhoud. Je l'avais rencontrée dans un livre, elle avait des couettes toutes blondes qui sautaient en l'air, on ne la voyait que dans une image, mais je me disais que, avec un nom pareil et une tête comme ça, ça risquait d'être une chouette fille. J'ai commencé par lui parler dans ma tête. Comme je ne savais pas trop comment faire sa connaissance, j'ai décidé de lui écrire des lettres. Au début, je trouvais ça bizarre, vu que je n'avais même pas son adresse, mais ça me faisait du bien de lui dire tout ce que j'avais sur le cœur, la brutalité du monde, et mes parents qui se prenaient pour un moule à gaufres. Je lui racontais aussi des histoires que j'inventais plus ou moins et je lui parlais des moments où on n'a besoin de rien d'autre que d'aller s'allonger dans les champs de coquelicots. Elle, elle m'envoyait des cartes postales.

Un jour, je lui avais même donné rendez-vous. J'avais peur qu'elle ne vienne pas, ou même d'être déçue, mais non, elle est venue, pile à l'heure, près du banc bleu dans le square en bas de chez moi.

On avait joué tout l'après-midi aux balançoires, et puis on avait recommencé à s'écrire, très souvent, au début plus que jamais, puis de moins en moins.

Il m'arrive encore de penser à elle, à ce qu'elle m'aurait dit, je me demande à quoi elle ressemble maintenant, si elle a coupé ses beaux cheveux blonds, que je trouvais si jolis, et je laisse mon esprit flotter.

II

Je sais très bien que Marie-Moulhoud ne m'en a jamais voulu. Moi non plus, d'ailleurs, je ne lui en ai jamais voulu. Les choses de la vie, on savait très bien l'une comme l'autre que c'était comme ça. Ma première rencontre, et ma première séparation.

Tristan grandissait vite, et ça me prenait pas mal de temps, de m'occuper de lui comme il faut, vu que les parents faisaient des dégâts assez fréquents dans son éducation. Ce que je craignais plus que tout, c'était qu'ils n'en fissent un petit mâle phallocrate. Du coup, je devais demeurer d'une grande vigilance, d'autant qu'il ne s'agissait pas qu'il les déteste.

Il fallait juste que je prenne soin de lui faire faire deux ou trois bêtises saignantes de temps en temps, afin qu'il comprenne que nos parents étaient des gens certes adorables, mais qu'il n'y avait pas de quoi les prendre pour des modèles, comme ils l'exigeaient de nous.

La prochaine étape allait d'ailleurs consister à établir que, de toute façon, il ne faut pas respecter ses modèles. Qui aime bien châtie bien, comme dit papa.

Pendant ce temps, mon père continuait de nous assener ses analyses psychologiques de comptoir, et on peut même dire que, avec l'entraînement de compétition qui était le sien, il devenait sidérant.

Un matin, Stéphanie, notre maîtresse, est tombée enceinte. Avant de commencer la classe de dessin, elle nous a dit que, dans trois semaines, elle devrait rester chez elle, pour se reposer en attendant que son petit arrive.

On s'est tous aperçus, éberlués, qu'on avait raté quelque chose d'important, et que, manifestement, ça n'avait pas l'air d'être une mince affaire.

Tout le monde s'était mis à poser des questions, et Stéphanie nous avait promis de tout nous expliquer avant de partir pour la maternité.

– Même faire l'amour? avais-je demandé.

Comme tout le monde était d'accord, elle avait dit oui. Avec elle, on était sûrs de tout comprendre et de ne pas se faire rouler. Elle était belle, intelligente et gentille, et on pouvait lui faire confiance sur tout.

Après, quand le petit est né, on a eu droit d'aller le voir chez Stéphanie, on avait fait des gâteaux au chocolat et on avait acheté un cadeau avec un bouquet.

Sauf qu'elle est partie avec une semaine d'avance. On s'est tous retrouvés comme des cons, avec nos questions comme des points d'interrogation au-dessus de nos têtes. Je me souviens, j'avais dressé une liste de neuf questions pour être bien sûre de ne rien oublier.

Le lendemain, quand la remplaçante est arrivée, je suis allée jeter ma liste aux toilettes à la récréation de dix heures.

Comme il était absolument impossible que nous lui fissions confiance sur un problème aussi grave, vu son petit air coincé de non merci, et que je fus jugée la plus délurée de tous, on me chargea bravement de me renseigner. Mes parents m'avaient toujours dit: «Quand tu te poseras des questions sur les choses de la vie, n'hésite pas à t'adresser à nous, ma chérie.»

Après avoir exploré une à une les névroses de mes parents, j'allais à présent plonger dans l'univers sombre et terrifiant de leurs tabous et de leurs inhibitions.

Comme mes parents sont d'une banalité à pleurer, ils furent donc saisis d'angoisse quand je leur avouai que je n'avais jamais vraiment cru à leurs histoires de choux, de roses, de pollen des fleurs et de petite graine de je ne sais quoi. Malgré leur air dégagé, ils m'avaient quand même imposé ce pathétique déballage botanique, et mon intuition féminine me laissait à penser qu'on m'avait caché des choses. Les fameuses choses de la vie, j'imagine.

Ils ne prirent même pas la mesure de ma délicatesse, lorsqu'un soir, à table, je me suis contentée d'un pudique et timide :

— Comment on fait les bébés ?

Alors que la question qui me brûlait devait tourner autour de : c'est quoi, être amoureux ? c'est quoi, faire l'amour ? décliné au gré de toutes les obscénités que j'avais pu glaner çà et là (et ma liste était longue), ça se passe comment, quand, où ça ? et, finalement, pourquoi à la télé, jusque dans le téléfilm le plus tarte, les gens se retrouvent à poil dans leur lit, alors que moi, même quand il a fait 49°C sous ma tente, l'été dernier, on m'a mis mon pyjama? (Le lendemain matin, je puais comme j'ai plus jamais pué, c'était humiliant.)

Mon père a fait l'innocent, bien entendu. Il a grogné deux ou trois phrases inaudibles, dans lesquelles j'ai cru comprendre qu'il prétendait me l'avoir déjà expliqué mille fois.

Quand j'ai posé la question à maman, elle a fait un petit sourire entendu. Elle a arrêté d'éplucher ses légumes et elle est allée dans sa chambre.

Elle est revenue, toute pimpante, avec un livre:

— Tiens, ma chérie, lis ça, et je pense que ça répondra à pas mal de tes questions.

Ma mère a toujours un livre miraculeux, censé faire de mon éducation un véritable chef-d'œuvre d'érudition pédagogique.

En l'occurrence, je me suis retrouvée en possession d'une histoire de grenouilles, de têtards, de tuyaux et d'une éternelle petite graine, qui trahissait le flagrant délit de mensonge et de diffusion de fausses informations élaborées selon une croyance primaire considérant que les enfants sont des crétins à qui il ne faut surtout jamais dire la vérité.

Si je m'en souviens bien, c'était l'histoire d'un petit spermatozoïde rose et joufflu qui faisait sa vie, tranquille peinard, dans les testicules de papa (les deux petites boules que les garçons ont sous le zizi, était-il précisé. Et pour celles dont les connaissances n'allaient pas jusque-là, démerdez-vous). Il s'appelait Bernard, ou Charlie, et un jour, un jour de beau temps, j'imagine, il rencontrait une madame ovule qui s'appelait Charlotte ou Carole, ils se mariaient immédiatement, tellement c'était le coup de foudre, ne faisaient plus qu'un, tellement ils étaient amoureux, et, après neuf mois de lune de miel, tellement ils étaient heureux dans le ventre de maman, ça nous faisait un bébé, tout rose et tout joufflu comme son papa spermatozoïde, avec un zizi si c'est un garçon, et une zézette pour les filles.

J'ai feuilleté le livre, puis j'ai regardé maman et je lui ai demandé si elle ne se foutait pas de moi, par hasard.

À bout de forces et d'arguments, je suis partie dans ma chambre en claquant la porte.

Le lendemain, en allant à l'école, j'étais tellement en colère que j'ai jeté le livre dans une poubelle sans avoir oublié auparavant de le déchirer et de l'enfermer dans trois sacs superposés en sens inverse. Pour être bien sûre que plus personne ne tomberait jamais sur ce sous-produit d'un obscur complot de l'humain contre lui-même.

Tout ce mystère me semblait de plus en plus ridicule et injustifié, car, franchement, je ne voyais pas comment on pouvait inventer une histoire aussi ridicule que celle de Charles et Rosalie. La réalité était forcément moins humiliante.

En arrivant à l'école, je me suis sentie idiote et prétentieuse de m'être aventurée avec autant de certitude.

Je n'osai rien dire et personne n'osa rien me demander, mais en entrant en classe, au regard d'Audrey, j'ai compris que je risquais de passer pour une sale petite crâneuse de merde. Celle qui ne tient pas ses promesses et ne mérite pas beaucoup plus d'estime que le cancre muet du radiateur ou la fille à grosses lunettes qui a triplé le CP.

Après l'appel, j'ai respiré profondément, j'ai levé le doigt, et j'ai demandé :
– Madame, comment on fait les bébés ?

Mlle Coincéeducul a eu un sourire crispé. Tel était son nom pour la plupart d'entre nous depuis qu'un soir j'avais hurlé devant tout le monde, à l'arrêt du bus : « Mlle Coincéeducul, ouais ! »

Elle a pris une petite voix qu'on ne lui connaissait pas, mielleuse et attendrie.

— C'est normal, mes petits, que vous vous posiez la question, c'est de votre âge. Écoutez, demain je vous apporterai un livre, et vous verrez, vous aurez la réponse à toutes vos questions, j'en suis sûre !

Elle avait dit ça sur un ton mécanique et saccadé, avec un enthousiasme douteux.

Le lendemain, on a dû attendre toute la journée pour qu'elle sorte son livre magique.

À cinq heures moins le quart, elle nous l'a lu, d'une traite, sans lever les yeux. Quand la sonnerie a retenti, elle s'est arrêtée au milieu de sa phrase, et elle l'a fermé, fini, terminé, rangez vos affaires, au revoir et à demain.

C'était une histoire à peu près aussi crédible et cohérente que celle d'Alfred et sa dulcinée, les deux gamètes rose bonbon.

À ce moment précis, la situation me sembla proprement ahurissante.

En désespoir de cause, et comme tout ce mystère ne faisait qu'attiser ma curiosité, je me suis donc mise à regarder frénétiquement les documentaires animaliers en me disant qu'avec un peu de chance je pourrais bien glaner quelques indices, et, indice plus indice plus indice, parvenir à deux ou trois conclusions et considérations.

Mes parents, toujours attentifs à mon éducation et à ma pureté, se transformèrent donc en véritables censeurs. Rien ne leur échappait, surtout à ma mère. Le moindre frôlement d'aile entre un hanneton et une hannetonne la faisait désormais presque frémir d'horreur, et je m'émerveillais de ce don incroyable qu'ont les parents pour développer des capacités tout à fait originales. Ma mère était à présent devenue capable de distinguer le mâle de la femelle chez à peu près trois mille deux cent cinquante espèces animales et végétales. Je me disais : ma maman est formidable, c'est la plus belle et la plus intelligente de la terre ! Ça la fait rougir de plaisir quand je lui dis ça.

À savoir rarement, étant donné que les occasions crédibles de le lui dire sans passer pour une sombre fayote sont exceptionnelles.

Quant à mon père, quand je lui fais la petite scène de «mon papa, ce héros», surtout si c'est devant ses copains en fonction desquels il choisit secrètement ses voitures, c'est simple, j'ai l'impression d'assister aux prémices de l'humanité. Il fait son rire idiot de mâle flatté, et les autres le regardent attendris et envieux. Heureusement, avec mon père, les occasions d'être sincère sont de l'ordre de l'événement annuel.

Au bout de quelques semaines, mes parents s'abandonnèrent à la paranoïa et toute résistance s'avéra désormais inutile. La télévision devint une «machine à lobotomiser le sens critique, d'ailleurs on va peut-être la revendre, les programmes sont nuls». Rien de tout cela n'était entièrement faux, j'étais prête à le leur accorder, mais la vie des bêtes...

Du coup, ils se sont mis à me gaver de desserts et de sucreries. Maman m'achetait mes pâtisseries préférées tous les jours, c'était bonbons à volonté, et non plus les deux du matin et les deux de l'après-midi réglementaires. J'avais même le droit de manger les petits pots de Tristan. Il était ravi de pouvoir me faire goûter les trois quarts de son pot et en profitait pour en prendre trois différents tous les soirs.

J'ai fini par me dire qu'ils devaient vouloir m'éliminer en m'inoculant une variété très rare de carie mortelle ou quelque chose du genre, et du coup j'ai pensé qu'il fallait essayer le dialogue franc et direct.

Tristan et moi, on s'est réunis, et on a décidé de faire des pancartes, deux chacun, en signe de protestation contre la censure des documentaires animaliers. Lui, il avait «On veut voir la vie des animaux» et moi «La nature est à tout le monde». Autour du cou, j'avais «Je ne suis pas à vendre», et Tristan «Nous ne sommes pas des caniches».

Finaude, au bout de deux semaines à nous voir trimbaler avec nos pancartes d'activistes en couches-culottes (Tristan avait inventé une technique fascinante pour pouvoir coincer la sienne dans son pyjama), maman nous a annoncé que, pendant les vacances de Pâques, elle nous emmènerait au zoo.

C'était de la provocation. Avec Tristan, on a donc refait des pancartes: «Les parents au zoo» et «Libérez les animaux».

Finalement, constatant que ma mère ne renonce jamais à ses meilleures idées, j'ai tenté une approche négociée et plus pédagogique:

— Maman, papa, vu que je refuse de faire la différence entre un zoo et une prison, je pense que ce serait pas mal de nous laisser regarder les documentaires à la télé.

— Vous n'êtes jamais contents de rien...

— Vous êtes vraiment des sales gamins gâtés !

— T'as encore monté la tête à ton frère, bravo !

— Nous, on aurait rêvé que nos parents nous emmènent au zoo...

— Vous peut-être, chers parents, mais, nous, nous essayons juste de vous faire comprendre que nous refusons d'aller cautionner l'incarcération des animaux, alors allez-y tous les deux, mais ne nous forcez pas à devenir aussi pervers que vous.

J'ai été privée d'argent de poche pendant deux mois pour m'apprendre à être insolente.

Le soir, pour m'endormir, je me chantais les chansons tristes que j'avais trouvées dans un vieux livre de chansons dans le grenier de mémé et que je jouais au piano quand j'étais toute seule, le mercredi après-midi. Comme je ne comprenais pas toujours très bien la partition, j'avais fini par inventer mes propres airs, à partir des quelques bribes que j'avais déchiffrées.

C'étaient des chansons édifiantes et terribles, qui parlaient d'amours du temps jadis et de princesses égorgées.

Bien qu'elle m'ait privée d'argent de poche, maman tint à être juste : elle nous avait promis de nous emmener au zoo, nous allâmes donc au zoo.

C'étaient les premiers beaux jours, Tristan courait dans tous les sens à présent, et sur le chemin, j'énumérais dans ma tête tout ce qui pourrait gâcher la sortie au point que maman regretterait pendant longtemps de ne pas avoir tenu compte de nos conseils :

— Tomber par inadvertance dans la fosse aux lions ou dans le bassin aux otaries. (Trop risqué ou trop mouillé.)

— Faire la danse de la pluie en espérant une belle chute de grêle, un orage ou une pluie diluvienne. (Peu de chances de réussite et, de toute façon, trop mouillé aussi.)

— Me perdre et me faire enfermer pendant toute la nuit. (Trop boy-scout, et pas la moindre envie de passer une nuit derrière quelque barreau que ce soit.)

— Espérer que Tristan ait une de ces coliques dont il a le secret. (Trop extrême : je comptais bien manger une glace trois boules et une gaufre chocolat-banane-chantilly pour me remettre d'être venue jusque-là.)

En sentant l'odeur dès l'entrée, je me suis dit que ça serait pas mal que les chimpanzés soient amoureux, ou les gazelles, ou les ours, ou les flamants roses ou les lamas, il y avait un bon petit air de printemps à redonner espoir au plus désespéré de ces pauvres taulards d'animaux.

Au début, j'ai bien cru que je m'étais emballée un peu vite. Les orangs-outans faisaient la gueule, affalés sur leur rocher ; les tigres du Bengale dormaient la tête dans une carcasse, et les flamants roses étaient d'un immobilisme consternant.

Quand on est arrivés devant les paons, maman s'est tournée vers moi, triomphante :

– Tu vois, ma chérie, là, monsieur paon fait l'amour à madame paon, il fait le beau, tu vois, c'est ça, je ne peux pas te dire mieux

Je touchais à présent le fond du désespoir. Tout se passait bien. Maman était ravie et radieuse.

Dans ma tête, je me suis mise à réciter des formules magiques pour encourager les ardeurs sexuelles et les instincts reproducteurs.

Le miracle a eu lieu dans la fosse aux éléphants.

Quand maman a vu que le mâle commençait à monter sur la femelle, elle est devenue toute nerveuse, et elle a dit à une vieille dame qui nous observait :

— Non mais, laisser faire ça alors qu'il y a des enfants! Quand même!

Pendant ce temps-là, j'en ai profité. J'ai gardé mon sang-froid, je me suis dit que je ne pouvais pas rater une telle aubaine. J'ai détaché ma ceinture, je l'ai passée dans un des passants de mon pantalon et je me suis accrochée à la grille. Maman m'a attrapée par le col pour m'emmener, et si je n'avais pas été cramponnée aux barreaux, je pense qu'elle n'aurait pas hésité à déchirer mon jean tout neuf.

Je me suis mise à hurler en hoquetant:

— Ma maman, elle veut pas que je voie les éléphants!

La vieille dame s'est approchée:

— Madame, c'est la nature, vous savez, et puis c'est de son âge, d'être curieuse de ce genre de choses.

— J'élève ma fille comme je veux!

— Ça lui fait quel âge?

— Huit ans.

– J'ai neuf ans, trois mois et douze jours, mais elle veut pas me voir grandir!

Ça a fini par un attroupement, et pendant que maman palabrait sur l'éducation sexuelle des enfants avec de parfaits inconnus qui disaient probablement n'importe quoi, j'ai discuté, assise sur un banc, avec la vieille dame, qui m'a donné des cacahuètes et des conseils sur la vie.

On a parlé un bon moment, en regardant les éléphants.

III

Chez nous, c'est propre, c'est net et c'est bien rangé, chaque chose à sa place et rien qui dépasse. Eins! Zwei! Drei! Pas une poussière à l'horizon, même dans le jardin. L'extermination de toute forme d'existence bactérienne, y compris résiduelle, est une lutte quotidienne et acharnée à laquelle ma mère s'emploie avec méthode. Elle use pour ce faire de toutes sortes de détergents de pointe très sophistiqués, dont elle suit scrupuleusement l'évolution et l'actualité dans les magazines féminins et les publicités de la télévision.

Ma mère est une femme moderne et émancipée, elle ne se laisse pas faire, et elle prend donc soin de ne jamais perdre une occasion de traiter de pauvres connes les ménagères avisées qui «achètent tout et n'importe quoi, pour peu qu'elles puissent avoir gentiment et sans effort leur bonne conscience de mère de famille tranquille». D'habitude, ma mère ne dit pas de gros mots, mais, là, il ne faut pas exagérer. C'est dire si ça la met en colère.

Mes parents ne se laissent pas influencer comme ça, ce sont des citoyens responsables et des consommateurs avisés. Pour ça aussi, ils ont de nombreuses revues et autres sources d'information à la fiabilité irrévocable. Tout achat, de la machine à laver à la paire de chaussettes en passant par le beurre et le papier-toilette, est scrupuleusement étudié, mûrement réfléchi, dûment analysé. C'est un acte qui requiert des techniques et des connaissances quasi scientifiques. On ne fait rien à la légère, on ne se fait pas avoir et on a le sens des valeurs.

Tout achat ou presque est en général suivi d'une conversation destinée à savoir si oui ou non le bon choix a été fait. Qu'une usine de coton-tiges dépose le bilan et notre vie peut basculer en enfer pendant plusieurs semaines. Les ruptures de stock sont des moments que nous partageons avec angoisse et auxquels on ne pense jamais sans appréhension.

Pour les Achats Importants, la discussion s'étendra à la famille et aux amis proches. Pour la télévision, on va jusqu'aux collègues de travail. Pour la voiture, on se réconcilie avec les voisins, et le jour où on a déménagé, mon père, qui, pour l'occasion, s'était mis à aller chercher le pain, transforma régulièrement la boulangerie en forum sur le marché de l'immobilier. Il ne quittait la boutique qu'après s'être convaincu qu'il était vraiment bien avisé et qu'il avait bien de la chance d'être plus finaud que tous ces beaufs ignorants qui se croyaient plus malins que tout le monde.

Notre foyer est donc un haut lieu d'expérimentation de vie géométrique, où tout porte la trace de la Vérité, tant mes parents ont atteint les hautes sphères de la consommation intelligente et réfléchie. Alliant modernité et sens des valeurs. Et de l'ordre.

Mes parents sont des gens parfaitement bien ordonnés et bien rangés. Rien qui dépasse, même pas le sourire.

Ma mère a toujours rêvé d'avoir une petite fille. Ma chambre est donc un véritable musée en hommage à l'inépuisable attention qu'elle me porte et a tout l'amour qu'elle a pour moi.

Mes poupées sont bien rangées sur l'étagère, Barbie promène son chien en tailleur béret d'un goût tout à fait hasardeux, les poupées en chiffon et les baigneurs en plastique papotent en faisant du tricot, et mes peluches se reposent toute la journée en rangs d'oignons sur mon lit, avec l'air de prendre le thé chez une vieille romancière anglaise qui écrit des romans à l'eau de rose. Quoiqu'elle s'en défendrait aussi, ma mère est une frénétique consommatrice de ce genre de littérature, à raison de trois ou quatre poussées compulsives par an, d'une durée d'un mois environ. Pour se détendre, parce que ça la détend, dit-elle, de lire une connerie. Elle peut en avaler jusqu'à un par jour.

Mes livres, eux aussi, sont parfaitement rangés. Quand on a fini un livre, on le range immédiatement avec les autres de la même collection, par ordre décroissant en partant de la gauche.

Ma mère a à cœur de faire de moi une jeune fille indépendante. Elle m'apprend à faire le ménage. C'est gentil de m'aider, ma chérie, me dit-elle. Avec Tristan qui est trop petit et ton père qui a du travail, heureusement que j'ai ma petite fée du logis, me dit-elle encore, au milieu d'une nuée de baisers.

Quand on a fini les poussières, on recule, pour prendre du champ. On admire, on ajuste, on enlève les poussières égarées, les intruses, les affreuses, les indésirables.
Puis on s'assoit sur le lit, et on dit: «C'est quand même bien, une maison propre et bien rangée.» Et on est contentes, mais pas longtemps. Après, on est fatiguées, alors on s'énerve. Parfois ça finit en sale engueulade, mais tout est propre, tout est net et bien rangé, rien qui dépasse, chaque chose à sa place. Eins! Zwei! Drei!

Peu à peu, je me suis mise à livrer ma chambre au chaos et à la crasse.

Ma technique était imparable :

1. Laisser traîner des papiers de bonbons et de gâteaux en quantité impressionnante, gras et poisseux autant que possible.

2. Laisser traîner, en boule, culottes et chaussettes sales. S'arranger pour qu'elles finissent sous le lit, là où la poussière s'accumule le plus.

3. Laisser déborder la corbeille, la laisser disparaître dans un fatras de papiers, de peaux de banane pourrissantes, de cartouches d'encre pas tout à fait vides, de canettes pas tout à fait vides non plus, et de tout objet non identifié ou non identifiable. Sur un plan plus général, montrer à mes parents ce que c'est vraiment que de manquer d'hygiène. Ne pas trop en faire non plus, il ne se serait pas agi ni de puer ni d'y prendre goût.

4. Les féliciter sans cesse de leurs hautes compétences parentales, qui ont fait de moi une enfant tellement mûre pour son âge et si pleine de bons principes (les leurs, bien sûr)

que je suis déjà parfaitement capable, à propos de deux ou trois choses de la vie, de savoir ce qui est bon pour moi.

5. Entrer en possession le plus vite possible de la clé de ma chambre et la fermer, histoire de baliser le terrain et de signifier fermement qu'il s'agit à présent d'une réserve naturelle protégée. Mettre une pancarte sur ma porte pour être sûre qu'ils ont clairement saisi l'information.

6. Scalper mes Barbie, les raser en brosse, en punk, les colorier en bleu, en rose, les massacrer.

En moins d'une semaine s'est installé dans notre doux foyer un véritable climat de guerre urbaine.

J'avais commis un acte de haute trahison en volant cette clé, je me comportais comme une gamine capricieuse et irresponsable. Je me pris deux ou trois gifles bien méritées.

Avec tous les efforts qu'on fait pour que tu sois bien! Tu voudrais vivre en HLM, c'est ça, non mais, tu te rends compte de ce que tu fais, pauvre petite crétine! Qu'est-ce que j'ai fait pour avoir une gamine aussi bornée et aussi stupide quand elle s'y met?

La plupart du temps, on se croisait en faisant mine de ne pas se voir. Je surveillais les bruits de portes pour être sûre d'avoir la voie libre. Tristan eut droit à une nouvelle berceuse: quand tu auras douze ans, ne fais surtout pas comme ta sœur. N'entre pas dans l'âge bête à pieds joints comme elle, regarde-la!

Mes parents prirent rendez-vous avec la directrice de l'école, ma maîtresse, le médecin, la psychologue scolaire, on envoya grands-parents, oncles et tantes pour me parler, me raisonner, m'inspecter, m'observer, m'analyser.

Le diagnostic fut unanime et intolérable : j'allais fort bien, j'étais juste complètement stressée et angoissée, ce qui, vu leurs exigences, n'était pas très étonnant.

Mes parents ne tinrent compte de rien ; on fit la sourde oreille et on s'entêta. Quel était donc ce mal étrange qui venait de transformer une charmante fillette en monstre muet et crasseux ?

On me fit faire de la relaxation, on me donna de l'homéopathie, on me fit faire des séances d'acupuncture, on menaça de m'envoyer en pension, de me changer d'école, de m'envoyer sur la lune. Tu mériterais une bonne fessée, parfois, tu sais.

Malgré tout, la situation devint vite épuisante, et j'avais atteint un degré de saleté et de bordel difficilement tenable.

D'autant que mes parents brandirent bientôt l'argument répressif imparable: privée de sortie, consignée dans ma chambre pendant deux semaines; repas servis comme à l'hôtel. Puisque tu veux ton indépendance, tu n'as qu'à mijoter dans ta crasse, ça te donnera à réfléchir. Interdiction à Tristan de franchir le seuil de ma porte. Pour raison d'hygiène, bien sûr.

J'ai tenu une semaine toute seule. Le dimanche au matin, pendant que les parents prenaient leur petit déjeuner au lit, Tristan est venu s'enfermer avec moi en signe de solidarité. On a mis une affiche sur la porte de ma chambre pour prévenir les parents.

Il faisait beau et on avait surtout envie de faire du patin à roulettes.

J'ai envoyé Tristan chercher de la ficelle. Sur une feuille j'ai écrit «AIDEZ-NOUS» et je l'ai fait pendre devant la fenêtre de la voisine du dessous, avec qui mes parents s'entendaient bien. Elle nous a répondu en écrivant sur la pancarte : « Qu'est-ce qui se passe ? »

« Nos parents nous ont punis alors qu'on n'a rien fait », lui a-t-on retourné.

Quelques mensonges plus loin, elle sonnait à la porte, et, une heure plus tard, on nous appelait pour négocier. En dix minutes, trois promesses et des baisers mouillés à souhait, on était tous les deux, Tristan et moi, sur nos patins à roulettes cosmiques en train de dévaler la Vallée de la Mort-qui-Tue, une rue à la pente raide qui commence derrière chez le boulanger et qui va jusqu'à la grille du cimetière.

Je n'ai jamais vraiment su ce que la voisine leur avait dit. Elle nous aimait bien. Elle vivait avec son mari, ils étaient tous les deux retraités et ils nous invitaient de temps en temps, quand leurs petits-enfants étaient en vacances, à prendre le goûter et à jouer.

Le problème, au fond, ça n'était pas tant que mes parents soient comme ça, ni finalement qu'ils m'obligent à vivre comme eux.

C'était qu'ils n'imaginaient pas un seul instant qu'on puisse vivre autrement.

IV

J'ai vécu mes années au collège comme une sorte d'enfermement. C'est d'ailleurs, je m'en souviens, dans les premières semaines qui suivirent mon entrée en sixième que j'ai commencé à trouver une similitude architecturale troublante entre les prisons, les hôpitaux et les collèges.

Dès les premiers jours, les murs gris, le bruit, l'odeur de chien mouillé les jours de pluie, une odeur forte, comme du fer dans la paume de la main. Les hurlements dans les couloirs entre les cours, l'impression d'être un paramètre ou un obstacle qu'il faut éviter, ignorer ou détruire.

Au début, j'ai eu peur tout le temps, je me sentais minuscule. J'étais une sorte de particule de poussière, pas grand-chose. Parfois rien du tout.

Peu à peu, la colère a remplacé la crainte ; j'ai de nouveau ouvert les yeux, mais ce fut une autre terreur, une sorte de terreur froide et tranchante. Parfois, c'était de moi que j'avais peur, je me sentais prête à taper le premier qui me toucherait. Dans la cohue, j'avais des gestes emportés dont je n'aimais pas la brutalité, des gestes qui m'échappaient.

Je me sentais étrangement seule. Pourtant, j'avais retrouvé Malika, Pierre et Matteo. On ne se quittait jamais ; du coup, on avait obtenu qu'on nous méprise ou qu'on nous ignore.

On se mettait dans un coin, pendant les récréations, on se fondait dans le paysage, on parlait de tout et de rien. Malika commençait à avoir des boutons, et, souvent, Pierre se débrouillait pour traîner avec elle loin derrière en sortant de cours. J'aimais bien ces moments. On partait toujours en dernier pour profiter des couloirs vides et des escaliers immobiles.

En classe, souvent, je m'ennuyais. Les heures étaient plus longues qu'avant. J'avais l'impression de passer mon temps à attendre, la journée était ponctuée d'instants qui n'en finissaient jamais de mourir.

Je regardais par la fenêtre pendant des heures, je regardais les nuages, dans le ciel. Ils racontaient des histoires comme lorsque je les observais, depuis la vitre de la voiture, quand on partait en vacances.

Je dessinais aussi, les mêmes petites frises sur les bords de mon cahier, inlassablement. J'avais inventé des personnages, notamment un qui s'appelait Super-Miti. Un trait pour le corps, un trait pour chaque bras, un trait pour chaque jambe, et une grande cape verte, en forme de triangle, et une tête toute ronde, comme la tête à Toto. Il avait des super-pouvoirs : il zigouillait tous les caniches avec son canon à neutrons, il inventait l'arme secrète qui fait roter les cons juste au moment où ils allaient vous insulter ou vous traiter comme de la merde, et il pouvait voir dans l'avenir et empêcher des catastrophes.

L'année a glissé, comme une petite rivière qui serpente à travers les rochers et suit les caprices des saisons.

Heureusement, en novembre de cette année-là, mes parents ont acheté une vieille maison pas loin de la mer, dans l'arrière-pays. On y allait souvent le week-end. En fait de maison, il y avait un toit, des murs et pas grand-chose d'autre. Dans la cuisine, la cheminée était envahie par du lierre. Tristan et moi, nous l'appelions le Vieux Manoir.

Le jardin ressemblait à une forêt vierge, et nous nous mîmes à l'explorer. Nous étions persuadés d'être les premiers humains à y pénétrer, on se munissait de nos machettes, une petite planche de bois accrochée à un bâton, et nous passions toutes nos journées à en sonder les moindres recoins.

Passé le carré de pelouse et le petit potager devant la terrasse, il y avait le Passage, une planche de bois qui enjambait un fossé profond. Un fossé aux eaux souvent troubles, où veillaient des crocodiles affamés. Nous les voyions en embuscade, rien que leurs narines et leurs yeux qui affleuraient à la surface de l'eau. Ils nous observaient, sournoisement, presque invisibles. Il fallait deviner leur ombre sous le léger remous de l'eau boueuse, dont l'ocre laissait à peine apparaître leur carapace vert sombre.

Après le fossé, sur la berge du fleuve aux crocodiles, il y avait un long parterre de fougères, où poussaient des milliers de fleurs différentes. Certaines n'avaient même pas de nom dans l'herbier que maman nous avait acheté. Nous leur donnions des noms que nous inventions ou que nous empruntions aux étoiles.

Derrière le parterre de fougères commençait le Bois Profond, peuplé de vieux pommiers tordus, de cerisiers, d'aubépines, de mûriers, de buissons et de taillis. Par endroits, en été, la lumière y pénétrait à peine. Les branches faisaient comme un premier ciel au-dessus de nos têtes, troué çà et là de rayons de soleil, et les fleurs et les fruits ressemblaient à des constellations.

Après, c'était la Grande Forêt des arbres-géants, qu'une vieille barrière de barbelés séparait de nos territoires. Au début, nous n'osions même pas approcher de la barrière, nous savions qu'elle nous protégeait des dangers. Depuis le pin-mirador, nous essayions d'en sonder l'immensité. Jamais nous n'avions vu des arbres aussi grands, certains semblaient même aller narguer le ciel.

Tristan était sûr qu'il reconnaissait en eux ces arbres qui, la nuit, se transforment en géants. Il avait lu ça dans un de ses livres d'images, et il identifiait bien leurs grandes branches sombres où s'étaient accumulés les siècles, les nœuds du tronc où ils essayent d'oublier les soucis que leur cause le spectacle du monde. Leur feuillage immense où s'engouffre le vent, quand, après avoir soufflé pendant longtemps, il vient, repu de colère, s'apaiser à la surface veloutée de leurs feuilles.

Les arbres-géants avaient la douceur des vieillards et l'âpreté des sages. Nous décidâmes de ne plus les craindre, et d'essayer de les apprivoiser. Nous voulions entendre les complaintes que leurs troncs fatigués expriment, et qui, dit-on, font même pleurer les loups.

Nous pensions qu'ainsi nous n'aurions plus rien à craindre des bêtes sauvages qui peuplaient la forêt; on apercevait souvent des ombres qui passaient, au loin, dans l'obscurité du sous-bois. Elles se faufilaient entre les branches, et, à leur passage, on voyait les buissons frémir.

V

J'ai fini par me dire qu'il pouvait être utile de sympathiser avec les fouteurs de merde du fond de la classe. J'en avais juste assez d'être le veau numéro 22 du troupeau 4B, deuxième rangée, septième case sur le bitume, en partant des toilettes du fond de la cour en face de la deuxième poubelle, suivre le marquage au sol à la peinture blanche, qu'est-ce que c'est que ce bordel! Derrière la ligne, on a dit!

Le taux d'hormones mâles était en constante augmentation. Le seuil devint vite critique et inquiétant. Quoique largement supportable, observa justement Malika, si l'on songeait au navrant spectacle que nous offraient les 3ᵉ B quand nous les croisions dans les couloirs du vestiaire, avant leur cours de sport et juste après le nôtre. Ils semblaient mus par une sorte d'impérieuse nécessité qui leur faisait oublier tout signe d'appartenance à la civilisation.

Pour l'heure, je me contentais d'écouter le chant des oiseaux, et je laissais le printemps s'accrocher à mes boucles, comme des petits soleils qui entouraient mon front.

Un jour, en cours de biologie, Farid m'a envoyé un mot sur un petit papier négligemment arraché de la feuille-guide du TP du jour, qui concernait le tube digestif. À titre d'exemple, nous disséquions des grenouilles.

Aspirant caïd, Farid souffrait beaucoup de ses bonnes notes en classe. Son orgueil intellectuel l'empêchait cependant de rejoindre la coterie des cancres et des losers magnifiques, car il savait bien que le ramassis de crétins qui l'avaient accepté dans leur meute grâce à sa légendaire insolence et à son uniforme de racaille n'en valait pas la peine.

Farid avait quelque chose de touchant. Pierre et Matteo voyaient en lui un connard qu'il fallait juste respecter pour être dans son équipe au foot.

Quant à Malika, elle était amoureuse de Pierre, mais je la voyais souvent qui regardait Samuel en cachette. Samuel était le meilleur ami de Farid. Elle n'avait donc qu'à se faire discrète et elle le faisait très bien.

Souvent, je regardais Farid et je voyais que, lui aussi, il me regardait. Son aréopage de crétins ne tarda pas à s'en apercevoir. «Puceau de la langue» devint son plus délicat surnom.

Il se mettait alors à marcher de façon mécanique, à parler fort et à devenir d'une confondante bêtise.

J'étais impatiente, quand j'ai vu le petit mot, sur ma table.

Le compliment était laconique et simple :

« T'ES PAS QUE BONNE EN CLASSE T'ES AUSSI BONNE DU CUL. »

Quand j'eus savouré toute la délicatesse de mon entrée dans le monde des amours adolescentes, le monde rose et princier de mes chers livres d'enfant, je me suis retournée, et je lui ai souri, les yeux pleins de gratitude et de mystère.

Il a pris un air obscène et triomphant qui a fait glousser d'aise le collège de beaufs éructants qui le guidait dans sa conquête du dépucelage bucco-lingual.

Pendant tout le reste de la journée, chaque fois que nos regards et nos chemins se croisèrent, il avait un air entendu de mâle ravi.

En sortant du collège, quand j'ai demandé à Pierre, Matteo et Malika où je pouvais me procurer un de ces produits de l'ennui sexuel généralisé dont Farid devait faire usage avec sa meute d'obsédés sexuels, Pierre a tout de suite su me dire comment trouver une photo de fille à poil très vulgaire sur Internet.

— L'enfoiré, a hurlé Matteo, scandalisé et soulagé.

Malika n'a rien dit, elle me regardait en riant.

Le lendemain, au début du cours d'histoire, je suis allée voir Farid et je lui ai glissé une enveloppe qui puait le parfum bon marché.

Il m'a regardée avec un air goguenard.

À l'intérieur, j'avais glissé la photo d'une quelconque star du X, sur laquelle j'avais juste écrit un petit mot le remerciant de ses brûlants hommages et l'incitant gentiment à la branlette.

— La grosse salope, celle-là, a-t-il hurlé en s'étranglant.

Quand elle eut ma lettre entre les mains, j'ai cru que Mme Louvet allait mourir d'une maladie inconnue et foudroyante.

On a pris une semaine de renvoi chacun.
Mes parents m'accordèrent le droit de m'être défendue, mais ma vulgarité venait de jeter la réprobation des dieux et l'opprobre sur notre famille pour les dix-huit générations à venir.

Quand je suis rentrée en classe, il y avait une atmosphère lourde et étrange. Malika m'avait tenue au courant des sermons saint-sulpiciens que je leur avais coûtés.

Seule Laurence, une fille un peu solitaire, toujours au deuxième rang sur le côté contre le mur, qui traînait de temps en temps avec Farid, est venue me parler. Elle était droite et franche.

— Tu sais, il est gentil, Farid, mais il veut jouer au caïd et du coup il fait n'importe quoi et il se comporte comme un porc. Je lui ai dit ce que je pense de son attitude.

On a pris l'habitude de bavarder aux intercours.

— Fais attention à elle, m'a dit Matteo, je suis sûr que c'est une gouine !

— Et alors ?

— Ben, tu n'as pas peur qu'elle te drague ?

— Franchement, elle sera forcément plus douce et attirante que Farid.

— Tu te fous de ma gueule, t'es pas une gouine, toi !

— Qu'est-ce que tu en sais, pauvre tache machiste ?

— On se connaît depuis l'école, si tu l'étais, on le saurait ! Te fous pas de ma gueule !

— C'est vrai, je me fous de ta gueule. Tu comprends ça comme tu veux.

Je l'aimais bien, Matteo, on pouvait se hurler dessus pendant des semaines et tout oublier en deux jours.

Laurence habitait presque dans la même rue que moi, et on prit bientôt l'habitude de faire le chemin ensemble.

Au début, elle nous suivait de loin, puis elle prenait un raccourci pour qu'on se retrouve toutes les deux, elle et moi, à l'angle du tabac, près de l'épicier arabe, sur la petite place avec les deux bancs sous les arbres. Je trouvais ça touchant. On s'asseyait parfois pour parler sur le banc bleu près du tilleul, puis plus souvent, et finalement elle a commencé à faire le trajet avec nous quatre dès la sortie de la classe. Matteo, Pierre et Malika apprirent bientôt à l'aimer.

L'année avait des couleurs de vieux rose et de dentelle déchirée, on se tenait chaud, blotties comme deux petits animaux farouches, petites souris échappées d'une fable dont nous distillions la magie trouble et attirante.

Mes parents étaient ravis de mon apparente normalité, et ils se réjouissaient benoîtement du succès de leurs croisades éducatives.

Laurence venait souvent dormir à la maison.

Laurence était douce, et elle savait protéger sa douceur. Avec elle, on pouvait parler de tout. Souvent, elle me faisait penser à Marie-Moulhoud, avec ses petits airs de ne pas y toucher.

Bientôt, on commença à se faire de vraies confidences, on cherchait nos points communs. Chanteurs Préférés, Groupe-Culte, Actrice Préférée, Le Prof Le Plus Sexy, Le Plus Moche, Tous Ceux Que Tu Aimerais Envoyer En Enfer, Animal Préféré, Le Plus Beau Moment De Ta Vie, Le Plus Horrible.

Dans ses yeux, je voyais souvent mon image vaciller comme dans un miroir.

Un soir, il était tard, on discutait, la veilleuse recouverte d'un foulard qui remplissait ma chambre d'une lumière rouge orangé où les ombres se déplaçaient en faisant des danses étranges et loufoques; elle m'a dit:

— Pourquoi les garçons de notre âge sont-ils soit des obsédés sexuels compulsifs, soit des crétins bêlants; soit, dernière solution, ils n'en sont qu'au stade masturbatoire primaire sans pourtant être fondamentalement attardés?

— Les premiers parce qu'ils voient trop de films pornos, les deuxièmes parce qu'ils imitent leur père, et les troisièmes parce qu'il faut être patiente.

— Et en attendant, Farid passe à côté d'une belle histoire. Il me l'a dit.

— C'est vrai?

— Oui, il m'a dit qu'il avait fait le con et qu'il comprenait bien que tu le trouves con à chier. Il a dit ça, con à chier.

— Nous pouvons donc échapper au suicide collectif, il reste une lueur d'espoir. L'humanité est capable de bon sens et d'honnêteté. En même temps, ce débile a tout gâché.

Laurence a éclaté de rire, puis elle a poussé un petit cri de surprise en se rendant compte qu'elle venait probablement de réveiller tout le monde.

Elle essayait de se calmer en pouffant dans ses mains quand ma mère a frappé à la porte pour demander si tout allait bien. On a sursauté, puis on s'est blotties l'une contre l'autre, et j'ai dit, l'air endormi :

— Ne t'inquiète pas, maman, j'ai juste fait un mauvais rêve.

— Tu es sûre que ça va, ma chérie ?

— Oui, merci, c'est gentil de t'être levée.

Je sentais le souffle de Laurence contre mon cou, et ses jambes sous sa chemise de nuit. Elle s'est détachée, et elle m'a regardée, les yeux brillants. On a éclaté de rire en se cachant sous la couette. Il faisait beaucoup trop chaud et l'obscurité avait quelque chose de grisant.

On est ressorties toutes rouges et essoufflées, étrangement lasses, comme délivrées. Nos respirations se rattrapaient, se fuyaient, se rejoignaient, finissaient à l'unisson, puis reprenaient leur étrange poursuite.

J'ai regardé le plafond, et j'ai raconté une histoire de princesse et de dragon.

Laurence m'écoutait en me caressant le visage, la tête contre ma joue. Nos voix étaient douces et se mêlaient, comme des fantômes invisibles dans le silence de la maison.

On s'est embrassées. D'abord juste en effleurant nos lèvres ou en se faisant des baisers furtifs qui claquaient comme des ricochets.

Nous ne nommâmes jamais nos caresses, elles n'avaient pas de noms, elles n'appartenaient qu'à nous.

Elles ont eu la douceur, l'exigence et la beauté des choses libres, m'a dit, bien plus tard, Laurence.

Elle voyait le monde autrement, elle le transperçait de son regard, elle n'avait pas peur de la solitude ni de ce que pouvaient penser les autres.

Pendant qu'on s'embrassait ou qu'on se tenait juste chaud pour nous défaire de nos blessures, l'année agonisait en silence et nous étions étrangement heureuses.

L'été arriva, et notre cousin Balthazar passa le mois de juillet avec nous. Balthazar avait mon âge, à quelques mois près, mais ses parents habitaient loin, et nous ne le voyions pas très souvent. Quand il était petit, je me rappelle que mes parents et les siens passaient des heures à l'observer comme un petit rat de laboratoire, toujours inquiets, parce qu'il était solitaire et qu'il avait une araignée dans un bocal, qui s'appelait Wanda. Une araignée dans le bocal, ironisait papa. Moi, je le trouvais surtout silencieux. Nous jouions souvent ensemble. Avec lui, c'était comme avec personne d'autre, il y avait toujours un mystère étrange.

Avec Laurence, on s'écrivait presque tous les jours, on s'envoyait nos lettres deux ou trois fois par semaine.

(Je les ai gardées, entourées d'un ruban en satin rouge qu'elle m'avait donné avant de partir.)

J'étais heureuse dans cette maison où mes parents, Tristan et moi arrivions enfin à être heureux au même endroit.

Cet été-là, ç'a été le début de nos aventures. Balthazar n'avait peur de rien, depuis longtemps il avait apprivoisé les monstres, et, quand on lui montra la Grande Forêt mystérieuse, depuis le pin-mirador, il a tout de suite voulu y aller. Il se moquait pas mal de l'interdiction des parents, ou plutôt il n'y pensait pas.

— Et si y a des monstres dangereux, des serpents volants ou des yétis poilus ?

— On demandera de l'aide aux géants des arbres, c'est toi-même qui nous as dit que c'était une forêt d'arbres-géants.

— En même temps, je ne suis pas sûr non plus. Si ça se trouve, je me suis trompé...

— S'ils n'existent pas, nous les inventerons, trancha Balthazar.

La forêt était profonde, et les premiers jours nous nous contentâmes d'en explorer la lisière. Nous étions convenus de ne jamais perdre de vue la barrière de notre jardin. Le pin-mirador veillait sur nous.

Dans une vieille baraque en bois abandonnée dans un coin reculé du jardin, nous avions découvert un vieux grimoire qui devait venir d'une civilisation perdue et où nous avions relevé des formules magiques et des prières. Balthazar connaissait bien les choses occultes et il était persuadé que la vieille baraque était un guet tenu secret, par où devaient passer les voyageurs pour traverser la forêt des arbres-géants.

Il avait dû y avoir, pendant des siècles, un mage ou un gardien qui confiait au voyageur une formule magique si jamais la mort passait par là.

Nous apprîmes des formules, et nous en inventâmes d'autres. On les écrivait dans le grimoire. Balthazar écrivait avec des lettres gothiques, qu'il avait apprises en les recopiant inlassablement du dictionnaire.

Peu à peu, on s'est enfoncés dans la forêt, nous connaissions mieux les géants des arbres. Nous commencions à apprivoiser leurs grondements, où résonnait leur méfiance à l'égard des hommes.

Ils ont raison de se méfier de nous, disait Balthazar. Après tout, peut-être sommes-nous poursuivis par des ennemis, dont ils redouteraient eux-mêmes la haine et la colère.

On a exploré la forêt inlassablement pendant des jours. Au début, nous tremblions au moindre mouvement de feuilles, mais nous avons vite appris la langue des arbres, Balthazar surtout, et comme ça nous n'avions plus peur

Un jour, on a construit une cabane

On avait pris des outils, de la ficelle, des clous, et trois vieilles planches qu'on avait récupérées à la décharge.

On l'a construite contre le grand chêne aux abeilles, près du talus qui court le long de la petite rivière.

Sur le chemin de la cabane, on chantait:

Je suis la mauvaise herbe,
Braves gens, braves gens,
C'est pas moi qu'on rumine
Et c'est pas moi qu'on met en gerbe,
Je suis la mauvaise herbe,
Braves gens, braves gens,
Je vis en liberté
Dans les jardins mal fréquentés

La forêt n'était pas si grande que ça, et les parents nous laissaient libres parfois des journées entières. On partait le matin avec des sandwichs et des goûters qu'on faisait nous-mêmes pour pouvoir quitter la maison en cachette, comme s'ils ne savaient rien.

Grâce au grimoire, on découvrit de nouvelles légendes, de nouveaux secrets.

Il y avait une grotte où s'était réfugié un dragon qui se nourrissait de jeunes filles vierges. Selon la prophétie du mage Séraphin qui l'avait châtié, le dragon se transformerait en jeune vierge s'il venait à manquer de proies, et, à son tour, il mourrait dévoré par quelque créature félonne, condamnée au même supplice.

Plusieurs fois, on put même dormir à la belle étoile.

On avait mis une bâche sur le toit de feuilles, et on avait étalé nos duvets sur des nattes, confectionnées avec les branches des arbres solitaires, qui ressemblaient à des petites bulles de coton, légères et douces.

La première nuit, nous cherchâmes en vain la trace d'un elfe ou d'un troll égaré dans la forêt depuis la nuit des temps, condamné à errer sans raison et sans mémoire de son forfait.

Le grimoire mentionnait, à deux ou trois reprises, que des trolls devins avaient été aperçus.

Nous rencontrâmes Gelfin la deuxième nuit. La lune était pleine et régnait sur la forêt comme une antique déesse à la lanterne.

Gelfin avait une voix qui sonnait comme le roulement d'un ruisseau des entrailles de la terre. Il nous raconta des histoires aux sonorités translucides. Il parlait une langue inconnue, mais nous comprenions chacun de ses mots. Pourtant nous savions que nous n'aurions plus souvenir de sa langue, une fois le jour levé, mais que sa voix résonnerait au fond de notre esprit pour tenir ses promesses et nous protéger.

— Vous avez le cœur pur, nous dit-il, le quatrième jour, juché sur la branche du grand pommier près de la grotte. Vous m'avez délivré de la malédiction que m'avait value mon cœur impur. Je peux regagner les miens, à présent, s'ils ne m'ont pas oublié. Je ne ferai plus insulte à la blancheur immaculée des plaines du Grand Nord, où je naquis jadis, et dont le souvenir a torturé mon esprit repentant pendant toutes ces années passées dans la noirceur de ma propre perte.

Il descendit, lentement, puis il s'éloigna en s'enfonçant dans la forêt. Quand il eut complètement disparu dans le lointain, il resta juste, jusqu'à l'aube, une petite lueur blanche, comme un fantôme, qui vacillait au gré du vent.

Couleurs de la colère

Je m'appelle Jeanne, j'ai dix-sept ans, et je suis une sale petite conne.

Titre bien mérité après une brillante carrière de sale môme, sans arrêt à faire des conneries et les choses à l'envers.

D'une normalité douteuse, avec des passages de plus en plus fréquents vers le néant social.

Mode d'apprentissage des codes: défectueux.

(La colère me calme et purifie mon sang. J'en use de temps en temps et j'en noircis à nouveau ces pages.)

VI

Je regarde par la fenêtre, à travers les rideaux blancs. Je regarde les oiseaux qui s'échappent vers les nuages. J'entends les parfums clairs et les brumes fragiles.

Je me promène le long des rues en murmurant des chansons dont les paroles m'accompagnent. La musique résonne dans ma tête, je cours parmi les feuilles mortes, je fais peur aux pigeons. J'ai parfois tellement envie de hurler que j'en ai la gorge qui tremble. Et je ne sais plus si c'est de la joie ou de la colère.

Je sens le sang qui monte à mes joues et rougit mes pommettes sur ma peau un peu blafarde. Je laisse mon exaltation circuler dans mes veines comme une sève bienfaisante qui apaise mes agitations.

Pierre et Matteo changeaient, se faisaient plus distants.

Ils avaient des poussées d'hormones de plus en plus fréquentes et, pour tout dire, impérieuses. Comme tous les garçons de quinze ans, manifestement.

Ce qui me semblait angoissant.

En même temps, chez eux, les premiers ruts pubères gardaient des proportions tout à fait acceptables. De même que l'innocence étonnée et ravie qui accompagne chez le jeune mâle les premiers surgissements du désir. Ce qui était rassurant.

Je voyais en revanche autour de moi d'autres jeunes mâles en pleine explosion hormonale sombrer dans des comportements compulsifs qui semblaient procéder d'un mystérieux et progressif déplacement du siège de la pensée et du raisonnement du cerveau vers les testicules.

Ce qui était angoissant.

Certains semblaient même prendre leur phallus pour un totem.

Toute érection ou montée du taux d'hormones sexuelles occasionnait chez eux de profondes pertes d'identité et de cohérence mentale. Cela allait de simples attouchements inconscients, pratiqués lors des bousculades, empoignades, vraies et fausses bagarres, chahuts, jusqu'à de véritables cas de confusion psychique. Toute présence féminine en face de tels spécimens occasionnait des symptômes précis.

Envisagé systématiquement comme un potentiel objet de leur désir, tout individu féminin était donc soit copieusement ignoré, car indigne manifestement des honneurs de leur sainte turgescence; soit assailli avec tant d'ardeur et tant d'élan que tout refus de se soumettre à ce mouvement naturel de leur virilité balbutiante mais vaillante était vécu comme un affront intolérable.

Le plus étonnant était que certains sujets féminins semblaient génétiquement programmés, par nature ou quelque artifice, pour répondre à ces assauts, occasionnant chez eux d'étonnantes allures de volailles et autres volatiles, dont toute la gamme était largement exploitée.

Je regardai dans les livres. Je lus en effet que la femme, surtout dans ses jeunes années, est ainsi. Frivole, inconstante, vaporeuse, capricieuse, indolente, lascive.

Je fus donc rassurée. Tout allait bien. Degré de normalité du réel: résolument optimal.

Laurence avait déménagé depuis un an à présent. On se téléphonait souvent, mais je sentais un vide étrange. Du coup, je tardai à me préoccuper de la suite de mes émois amoureux. Je me disais : quitte à sombrer un jour dans la vulgarité, si c'est inéluctable, autant que ce soit le plus tard possible. D'autant que, ayant préservé longtemps mon intégrité par mon refus de jouer les pétasses, il y avait de fortes chances pour que je sois un peu moins ridicule.

Ou alors on peut faire autrement, me disais-je aussi, ce qui est probable.

En attendant, je regardais les autres s'agiter.

Je regarde mon corps dans la glace, mon corps nu, mon corps neuf, mon corps qui change sans cesse. Je ne le trouve pas si effrayant que cela, au contraire. Je regarde mes seins qui poussent. Je chuchote: quelque chose va son cours; mon corps n'est pas forcément une douleur ni un fardeau.

Je me rase les jambes, les aisselles, mes cheveux sont plus denses, et ma peau devient capricieuse.

Je regarde mon sexe dans la glace.

Quand j'ai eu mes règles, je n'ai ressenti aucune exaltation, aucune honte, j'avais très mal les premières fois, puis j'ai appris à apprivoiser la douleur, à la refuser, à la dissoudre dans la sève qui m'envahissait chaque jour davantage.

Mon père se mit à me regarder différemment, je me sentais plus libre. En même temps, je sentais entre nous cette distance qui s'installe quand tout d'un coup, face à quelqu'un qu'on connaît depuis des années, on se retrouve – l'espace d'une seconde, à la faveur d'un geste inconnu, d'une expression nouvelle, d'une intonation de voix – devant un inconnu.

Pendant quelques instants, la folie vous saisit.

Cette stupeur était désormais tapie entre mon père et moi, comme un monstre qui s'installait définitivement sous mon lit.

Il me lançait des piques, me regardait avec des airs mystérieux et complices, il me disait souvent :

– Dis donc, ma petite fille, elle devient une petite femme ou quoi!

Ça me mettait dans un état de rage et d'angoisse qui m'échappait, qui m'empêchait de réagir.

Je savais qu'il ne voulait pas me faire de mal, mais il était juste incapable de se remettre en cause, et cela m'exaspérait.

Un soir, je ne sais plus ce qui me répugna le plus du mot «petite» ou du mot «femme», mais je sortis de ma colère soumise:

– Tu peux arrêter de me dire ça, s'il te plaît?

Il s'est excusé furtivement et il a poursuivi sur un ton doux et affectueux:

– Oh! Elle se vexe! Ta mère, elle m'a dit que t'avais tes règles depuis quelques mois, c'est ça qui te rend de mauvaise humeur.

Voyant que les larmes me montaient aux yeux, il a tenté de se rattraper:

– Oh, excuse-moi, ma chérie, je suis maladroit, je voulais blaguer, c'est tout. C'est juste que je ne savais pas comment t'en parler, et il est de mon rôle de père, j'estime, de te dire que je suis au courant qu'à présent nous avons deux femmes sous ce toit et que je suis fier de toi.

– Franchement, il n'y a pas de quoi être fier. Ça arrive à beaucoup de femmes, tu sais. C'est lié au cycle de la reproduction. Tu viens juste de découvrir que je suis plus normale que tu ne le croyais. Ne t'inquiète pas, tu t'y feras.

Ensuite, je ne sais pas comment ça s'est passé, mais tout s'est emballé.

VII

Je suis tombée amoureuse de Valentin parce qu'il m'avait écrit une chanson.

Il la chantait en me regardant avec sa guitare et ça faisait :

Jamais je ne te dirai
Choisis ton camp camarade
Reste où tu veux là où tu es
Mais pas trop loin camarade
Pas trop loin de moi
Préviens-moi si tu pars
Qu'on se retrouve
Quelque part dans les nuages
Et les forêts de nos vies.

On était dans la même classe depuis l'année précédente, en seconde, mais on ne s'était jamais vraiment parlé. Pour tout dire, les quelques fois où je l'avais remarqué, c'était pour me foutre de sa gueule. Valentin faisait partie des onanistes tardifs qui n'en sont pourtant pas moins fréquentables, comme disait Laurence. En guise de patience, je l'ignorais donc la plupart du temps.

Quand je l'ai vraiment regardé pour la première fois, il avait l'air un peu con. Il plissait les yeux à cause du soleil. Il était touchant, tous ces efforts pour être sûr que je n'allais pas le regarder comme un pauvre mâle débutant, atteint d'un complexe d'inactivité sexuelle majeur et candidat au dépucelage immédiat.

Il m'a dit ça plus tard, une nuit, la tête contre mon épaule, en souriant, et j'ai trouvé que c'était plutôt rassurant, un garçon capable de penser ça.

Valentin avait les yeux qui brillaient, il me regardait parfois juste pour voir si j'étais bien là, à côté de lui, vivante et heureuse.

Il avait les cheveux bruns, bouclés, il était grand et mince, avec quelque chose de sûr mais vulnérable.

Il était joli, Valentin, avec ses tee-shirts un peu grands, ses jeans qui lui tombaient sur les chevilles et les hanches, son rire clair, son air un peu lunaire et un peu sombre à la fois, son air de se foutre de tout, sous lequel était enfouie son inquiétude profonde.

Valentin n'avait pas peur de se dévoiler, il me racontait son enfance. J'aimais bien le brusquer, le faire sortir de ses gonds.

Quand il m'énervait, je lui disais :

— Si tu continues, je te fous un coup dans les couilles.

Ça le faisait rire, mais il savait qu'il ne fallait pas chercher à me soumettre.

On restait souvent sur mon lit, à s'embrasser.

Au mois de mars, il y eut plusieurs semaines de grève.
Avec Valentin, on faisait partie du comité du lycée.
Ç'avait commencé un matin dans le hall, à la récréation de dix heures. La veille, il y avait eu une agression avec un couteau, pendant un cours. Depuis plusieurs semaines, un je ne sais quoi de putride s'était emparé du lycée, il y avait une tension qui semblait soumettre chaque geste et chaque échange.
Le lendemain de l'agression, avec Valentin, on était arrivés en avance, en se disant qu'il allait bien se passer quelque chose.
À la récréation de dix heures, voyant qu'il ne se passait rien, on est allés discuter avec les délégués des élèves. qu'on connaissait vaguement de vue.
J'ai lancé :

— Le mieux à faire, c'est, à la sonnerie, de faire courir le bruit qu'en signe de protestation personne ne doit monter en cours.

C'est comme ça que tout avait commencé.
J'avais obtenu une entrevue tout de suite avec le proviseur et on avait lancé la grève.
On se sentait plus forts, moins à subir les choses, même si nous n'avions pas trop d'illusions.

Le soir, quand je passais chez Valentin, après les réunions au lycée avec le comité, il me chantait ma chanson, en sourdine, en effleurant à peine les cordes de sa guitare pour ne pas faire de bruit.

J'étais étonnée de la soudaine liberté que me donnaient mes parents, comme si leur confiance était aussi entière que leurs inquiétudes passées.

La fin de l'année eut un goût étrange, un goût d'inconnu grisant.

Dès que les examens de français furent passés, on est partis, Valentin et moi, dans la maison de mes parents, à la mer.

Ma mère n'arrivait que cinq jours plus tard.

Quand on s'est retrouvés, avec mon bel amoureux, nos sacs sur le dos, au petit matin, à marcher à travers champs les dix kilomètres depuis la gare jusqu'au village, j'ai trouvé que les paroles du troll n'avaient pas menti et que sa fable m'avait conduite sur des chemins où mes pas se dirigeaient vers le soleil.

À la hauteur de la ferme du vieux Camille, j'ai dit à Valentin :

— Tu sais, je suis contente que tu rencontres mon cousin Balthazar, depuis le temps que je t'en parle.

Il m'a dit :

— Je suis content d'entrer dans ta vie, tu ne te livres pas si facilement.

Je l'ai regardé, le soleil était haut dans le ciel à présent. Je l'ai poussé dans le champ de blé qui longeait le chemin. Il m'a entraînée contre lui en tombant et on a fait semblant de se battre en hurlant comme des fous.

Quand on est arrivés, on s'est effondrés sur le canapé et on a dormi enlacés jusqu'au soir.

On a pris notre douche tous les deux, Valentin était beau, avec son corps encore fragile. Il riait souvent.

Il disait : c'est parce qu'on est heureux.

Je me suis déshabillée, et Valentin m'a regardée ; il avait juste son caleçon, il souriait.

Parfois j'enfonçais mon regard dans le sien, et j'embrassais la moiteur de son front, la moiteur de son torse contre le mien. La moiteur rassurante de ma peau contre la sienne. Il bandait.

Il a enlevé son caleçon, il était beau avec sa peau sombre et ses cheveux bouclés, sa barbe mal rasée et les poils de son torse aux muscles encore maladroits, ça lui donnait une fragilité étrange où sa force apparaissait comme les parcelles de lumière qui pénétraient par les volets entrebâillés, ça faisait des taches sur le carrelage sombre. Dehors, on entendait le bruit des cigales sur le pommier, qui perçaient l'immobilité de l'air. Valentin, la sueur perle sur son front et je caresse une goutte depuis sa nuque aux cheveux humides jusqu'au creux de ses reins.

Je regarde ses fesses dans la glace, dociles sous mes mains. Quand je l'ai pris dans mon sexe, ça ne m'a presque pas fait mal.

Valentin est à côté de moi, il me regarde, puis il se lève, je regarde son corps nu se déployer au bord du lit, il se lève lentement, dans l'air tiède de la fin de l'après-midi. Il va jusqu'à la table, il prend une cigarette.

La fumée fait des volutes que je regarde serpenter dans la lumière déjà ocre du soleil au travers des volets entrouverts.

Il se tourne vers le lavabo et il prend un verre d'eau. Il boit, lentement, par petites gorgées, assis sur le bord de la fenêtre, il me regarde en prenant des mines réjouies, inquiètes, timides, dubitatives. Comme un petit pantin.

Quand je lève la tête de mon cahier, je vois sa nuque raide et nerveuse dans le reflet du miroir. Sa nuque que j'apaise et que je dompte de mes caresses et de mes réticences, où j'apprends à m'abandonner sans me soumettre.

Il me dit :
— Regarde, les oiseaux volent bas. La nuit sera fraîche.